AF586695

M. ODILON-BARROT.

Si le danger de notre première révolution, attaquée de toutes parts, s'est trouvé dans l'exaltation des passions, le danger aujourd'hui est, après la victoire, dans l'égoïsme, l'indifférence politique et cette lente corruption qui dissout et énerve les sociétés en repos.

Discours de M. Odilon-Barrot aux électeurs de Coucy.

Avocat hors ligne, remarquable orateur, et chef de l'opposition dynastique, M. Odilon-Barrot mérite, à plus d'un titre, d'occuper une place dans cette galerie. M. Odilon-Barrot n'a pas encore subi la terrible épreuve du portefeuille; il est appelé à la subir tôt ou tard; *or* nous avons entrepris la tâche difficile d'être juste envers tout le monde, *donc* il nous faut profiter du moment où la justice est facile et nous hâter de *biographier* M. Odilon-Barrot.

On reconnaîtra sans peine toute la rectitude du syllogisme, si l'on veut bien réfléchir un instant à cette prodigieuse consommation d'hommes d'état qui se fait depuis 1830. Le gouvernement représentatif ou *parlementaire,* pour nous servir du dernier mot à l'ordre du jour, est certainemen une belle conquête ; mais cette conquête est-elle bien conquise ou plutôt bien assise, et n'y a-t-il pas quelque chose d'effrayant à voir l'enfant né de Juillet, à peine sorti du berceau, plus insatiable que Saturne, dévorer en dix ans 5 parlements, 17 ministères et 45 ministres? Qu'en pense *l'immuable* Metternich? Que diraient donc Sully, Richelieu ou Colbert s'ils revenaient au monde? M'est avis qu'ils ouvriraient de grands yeux à l'aspect de la locomotive constitutionnelle montée par ses trois pouvoirs qui cherchent à s'annihiler réciproquement pour se faire équilibre, dont un est déjà réduit à l'état d'inaction, dont deux se disputent la manœuvre, tandis qu'une force motrice qui s'appelle la presse, force immense, utile comme la vapeur, mais dangereuse comme elle, mugit autour de l'appareil, le jette en dehors des *rails*, le pousse en avant, le tire en arrière, l'immobilise parfois, et parfois le précipite vers des régions inconnues.

Et pourtant la mécanique est de la plus belle apparence, elle est compliquée et simple tout à la fois. Ses ressorts sont neufs et ses rouages s'engrènent au mieux les uns dans les autres; en somme ce serait la plus merveilleuse, si ce n'était la plus perfide mécanique qui se puisse voir : quelque fort et habile que soit l'homme qui s'avise d'y mettre la main, elle prend la main, puis le bras, puis le corps, puis tout l'homme enfin; elle l'attire, elle l'entraîne, elle l'emporte à travers ses cylindres, elle l'amincit, elle l'effile, elle l'aplatit sous ses meules; et c'est grande pitié de le voir sortir enfin de l'appareil représentatif, faible, chancelant, épuisé, usé jusqu'à la corde, aspirant aux douceurs de la convalescence; cherchant le repos, l'obscurité, le silence, et craignant surtout les rechutes, car en vérité, par le temps qui court, il est plus difficile de se rétablir d'un ministère que d'une fièvre jaune.

Gardez-vous bien de tenter de percer cet épais nuage d'impopularité qui pèse sur les hautes régions du pouvoir; ne vous hasardez pas à rappeler qu'il fut un temps où ce même homme assis sur le banc de douleurs écrivait de beaux livres, se permettait de belles actions, ou prononçait de beaux discours; ne parlez pas des ovations dont il fut l'objet, de ses rudes travaux, de ses services rendus, de sa gloire justement acquise; ne racontez pas de la même voix calme et digne le bien et le mal, s'il y en a, les hauts-faits et les fautes; prenez, pour ces dernières, une voix de tonnerre et laissez de côté les autres : vous avez affaire à un ministre, c'est tout dire; il faut être malveillant à son sujet sous peine d'être servile. Or le *servilisme* est l'accusation capitale d'une époque où l'indépendance consiste à ne fléchir le genou que devant un grand et puissant seigneur qui s'appelle tout le monde. Heureusement que *Sa Hautesse* le public est bon diable au fond, possède une forte dose de sens commun, cette qualité précieuse qui vaut mieux que l'esprit, aime assez qu'on lui dise de temps en temps un petit bout de vérité, et se prend parfois, dans ses bons moments, à s'apitoyer sur le sort de tous ces pauvres Curtius qui sont venus tour à tour se jeter dans le gouffre ministériel.

Il ne nous appartient pas, à nous chétif, d'examiner les causes des difficultés innombrables qui arrêtent encore chez nous la mise en jeu du système représentatif. M. Odilon-Barrot pense que les hommes manquent aux institutions; à coup sûr ce n'est toujours pas la quantité qui a fait défaut. Est-ce la qualité? demandez-le à un des membres les plus distingués du ministère actuel, qui s'écriait dernièrement à la tribune, avec un accent de lassitude et de doute : « Qu'ils » y viennent, les grands et les forts, surtout

« qu'ils puissent s'entendre ; qu'ils prennent le « pouvoir et qu'ils le gardent, nous les en béni- « rons au nom du pays ; que M. Odilon-Barrot y « vienne ! »

M. Odilon-Barrot n'y est pas venu ; nous ne savons si c'est tant pis pour lui ; mais, à coup sûr, c'est tant mieux pour nous, qui avons à raconter ici sans passions d'aucune sorte une carrière politique diversement appréciée.

M. Odilon-Barrot est né à Villefort, département de la Lozère, le 19 juillet 179[illegible]. Son père, membre de la Convention, puis du Conseil des Cinq-Cents, et plus tard du Corps-Législatif, traversa sans souillure les mauvais jours de 93, et dut à l'obscurité de sa vie de ne pas expier sur l'échafaud la modération de ses principes. Le jeune Odilon-Barrot trouva dans le sein de sa famille des traditions de respect et d'amour pour cette première époque révolutionnaire, brillante de nobles luttes oratoires, et pure des orgies sanglantes de la Terreur. Élevé à Paris, au collége Louis-le-Grand, alors lycée Napoléon, il fit ses études sans trop d'éclat, en se distinguant toutefois déjà par des goûts sérieux, une raison précoce et une tendance instinctive vers les choses élevées. On sait avec quel soin Napoléon fomentait par tous les moyens l'enthousiasme guerrier de la jeunesse des lycées. Chaque collége était pour lui une pépinière de soldats ; on s'éveillait au bruit des tambours, les heures se partageaient entre Cicéron et l'école de peloton, les études classiques et le maniement des armes ; on lisait au réfectoire, en guise de Millot ou d'Anquetil, les bulletins de la Grande-Armée arrivés de la veille ; et parfois à un de ces mots dont le héros avait seul le secret, ces visages d'enfants s'illuminaient de flammes soudaines, tous les yeux étincelaient, le délire s'emparait de toutes les têtes, et chacun de ces petits Spartiates rêvait déjà les joies du champ de bataille et les épaulettes de général. Cette éducation de caserne porta ses fruits ; aux jours néfastes, on vit bon nombre de rhétoriciens sauter par-dessus les murs, courir endosser l'uniforme de garde d'honneur, et se faire tuer en vrais *grognards* à Lutzen ou à Champaubert.

Au milieu de cet énivrement, de cette fièvre de gloire militaire, un adolescent au port grave, à la figure méditative, restait presque seul impassible et froid ; non pas que le cœur du jeune Odilon-Barrot fût dépourvu du feu sacré, non pas qu'il n'aimât son pays; mais ses pensées, ses désirs étaient ailleurs, et sa raison déjà mûre, poussée par une attraction naturelle vers l'étude des principes, s'éloignait avec une répugnance involontaire de la région tumultueuse des faits. La masse personnifiait la patrie dans un homme, l'austère lycéen demandait déjà intérieurement compte à l'homme des besoins présents et des maux à venir de la patrie.

Au sortir du collège, M. Odilon-Barrot fit paisiblement son droit. C'était une nature calme, studieuse, point passionnée, point ardente, point excentrique, et il eût été assez difficile de pronostiquer dès-lors à cet étudiant qui ressemblait à tant d'autres une part notable d'influence et de gloire.

Il est à remarquer, toutefois, que M. Odilon-Barrot n'avait pas encore 23 ans lorsqu'il sollicita et obtint des dispenses pour être admis comme avocat à la cour de cassation. Cette direction spéciale, donnée de si bonne heure à sa carrière, ce goût dominant pour les régions arides du droit strict, à un âge où l'on aime de préférence les débats passionnés et les émotions des cours d'assises, révélaient déjà cette aptitude de théoricien, de *creuseur d'idées* qui distingue plus particulièrement M. Odilon-Barrot.

L'édifice impérial croulait alors de toutes parts; la première restauration arriva, et trouva dans M. Odilon-Barrot, sinon une effervescence d'enthousiasme qui n'est pas trop dans sa nature, du moins une sympathie réelle et sincère. Dans le cours de ces biographies, emporté par l'amer ressentiment d'une humiliation que nous n'avons pas vue, mais dont la pensée nous pèse au cœur comme un remords, peut-être avons-nous mérité jusqu'à un certain point le reproche qu'on nous a fait quelquefois, de nous être trompé sur le véritable caractère d'une des plus déplorables époques de nos annales ; peut-être n'avons-nous pas assez tenu compte de cette lassitude générale, de cette prostration, de cet épuisement d'une grande nation, saignée aux quatre membres et livrée par l'abus de la victoire aux piétinements de l'Europe entière. Cette considération expliquerait la répugnance prononcée des esprits les plus éminents pour la personne de Napoléon dans les derniers temps de l'empire.

M. Odilon-Barrot fut du nombre de ceux qui virent dans les événements de 1814 l'aurore de jours plus sereins. La civilisation lui parut appelée à sortir enfin du champ de bataille pour entrer dans une voie nouvelle, se développer et grandir au contact bienfaisant de la tribune et de la presse. — Les Cent-Jours arrivèrent comme une trombe et passèrent de même. — On a dit quelque part que le commissaire de Cherbourg avait fait le voyage de Gand; c'est une erreur : M. Odilon-Barrot resta à Paris ; il était même de faction aux Tuileries, comme garde national, le jour où Napoléon faisait sa rentrée triomphale dans ce palais qu'il revoyait pour la dernière fois. La Restauration revint bientôt avec un programme destiné à réparer ses fautes premières. M. Odilon-Barrot reprit ses illusions; il est permis de croire qu'elles se dissipèrent bientôt, car à quelque temps de là nous le voyons déjà engagé en plein dans cette lutte que soutenait alors le barreau presque tout entier contre le système réactionnaire de la monarchie restaurée.

Une cause des plus minimes en apparence, mais qui en réalité soulevait de graves questions, vint bientôt mettre en lumière les talents inconnus du jeune avocat. C'était au plus fort de la propagande religieuse; dans une petite ville du midi, des protestants avaient refusé de tapisser la façade de leurs maisons devant la procession de la Fête-Dieu; condamnés par le juge-de-paix à 1 fr. d'amende, ils avaient fait appel et échoué successivement devant les deux degrés de juridiction. L'affaire fut portée en cassation, et M. Odilon-Barrot fut chargé de défendre, devant toutes les chambres assemblées sous la présidence du garde-des-sceaux, une des plus précieuses conquêtes de la révolution, le principe de la liberté des cultes, garantie par l'article 5 de la Charte, et attaquée en vertu de l'article 6. L'affaire fut plaidée deux fois. Dès le lendemain du premier jour l'argumentation de l'avocat, si mesurée qu'elle fût, avait soulevé de violents orages dans la presse royaliste. *La loi est donc athée!* s'écria avec indignation M. de La Mennais, alors fougueux catholique, prêchant dans le *Conservateur* l'alliance indissoluble du trône et de l'autel. « Oui « elle l'est et doit l'être, répondit M. Odilon-Bar- « rot, si vous entendez par là que la loi qui n'existe « que pour contraindre doit être étrangère à la « croyance religieuse des hommes qui est hors de « toute contrainte, etc., etc. »

On ne comprendrait guère aujourd'hui cette puérile discussion de mots; évidemment la question n'était pas là, elle était tout entière entre l'article 5 et l'article 6. M. de La Mennais entendait alors l'athéisme à la manière de saint Dominique : Comparer l'impassibilité de la loi au milieu des formes extérieures de tel ou tel culte, à la négation de Dieu qui est le principe de tous les cultes quels qu'ils soient, c'était, ce nous semble, heurter à la fois le bon sens et le dictionnaire.

Ce plaidoyer de l'avocat, qui n'était rien moins que violent, lui valut pourtant une réprimande publique et assez vive de la part de M. de Serres, alors garde-des-sceaux ; M. Odilon-Barrot triompha malgré la réprimande, et l'arrêt fut cassé aux applaudissements du parti libéral ; une autre cause, dont le retentissement ne fut pas moins grand, contribua à placer le nom de M. Odilon-Barrot à côté des plus illustres de l'époque ; nous voulons parler de l'affaire Wilfrid-Regnault, où il prêta à la plume élégante de Benjamin-Constant le concours de sa grave parole pour défendre un malheureux, poursuivi par des haines politiques, et condamné à mort par la cour d'assises de l'Eure. Grâce aux efforts combinés de l'avocat et du publiciste, la peine fut commuée en une détention perpétuelle. Regnault a recouvré sa liberté en 1830.

Ces triomphes judiciaires, suivis de bien d'autres que nous ne pouvons énumérer ici, classèrent bientôt M. Odilon-Barrot parmi les sommités de l'opposition. En 1827, il fit partie avec M. Guizot de cette fameuse société *Aide-toi, le ciel t'aidera*, dont le but patent, avoué, légal, était, comme nous l'avons déjà dit, de défendre la sincérité des élections contre le système corrupteur du ministère Villèle. Ajoutons cependant que déjà la partie jeune et ardente des initiés tendait à donner à l'association une direction foncièrement hostile au pouvoir. M. Odilon-Barrot, président de la société, refusa de s'aventurer dans des voies qu'il jugeait contraires à ses principes de modération et d'ordre. Après l'établissement du ministère Polignac, chargé, dans un banquet offert aux 221, de porter la parole au nom des électeurs de Paris, il déclarait encore que les voies légales lui paraissaient suffire au triomphe de la liberté ; bientôt les ordonnances parurent, la révolution éclata, et M. Odilon-Barrot se trouva tout-à-coup jeté par la force des choses bien au-delà de son point de départ.

Durant les trois jours M. Odilon-Barrot, étranger à la chambre, resta en dehors des délibérations officielles des députés, prenant cependant une part active à toutes les réunions particulières destinées à soutenir et à diriger le mouvement. Le vendredi matin 30 juillet, après l'installation de la commission municipale, il fut, sur la recommandation de M. Laffitte, adjoint aux secrétaires de la commission, et attaché plus spécialement au général Lafayette, depuis longtemps son ami, et qui venait alors de prendre le commandement de la garde natonale. Nous ne reviendrons pas ici sur ce que nous avons déjà dit au sujet des dissidences de l'Hôtel-de-Ville et de la réunion Laffitte; quelques-uns ont prétendu que la pensée monarchique fut, de suite après la victoire, la pensée première, instantanée, dominante, universelle, le cri de tous et de chacun; nous ne comprenons pas précisément en quoi le soutien d'une thèse si contestable peut servir la royauté : toujours est-il qu'on ne saurait, en examinant avec un peu d'attention les péripéties diverses du drame de juillet, se refuser à reconnaître qu'il y a eu dans les sommités et surtout dans la masse un moment d'hésitation, heureusement fort court, car il est de ces jours, comme disait M. Mauguin, où les *heures brûlent*. Voici, à notre avis, une division assez exacte des transformations successives de la pensée publique pendant et après le combat. Le 27 et le 28 juillet on voulait le maintien de la Charte et le renvoi des ministres; le 29 on ne voulait plus de la branche aînée; le 30, on ne savait pas trop ce qu'on voulait; c'est là le jour critique, le jour dangereux de juillet; enfin le 31 la proclamation du duc d'Orléans aux habitants de Paris accoutuma la population à l'idée d'un trône nouveau, et puis enfin le soir du même jour la démarche aussi hardie qu'habile du lieutenant-général à l'Hôtel-de-Ville mit fin à toute indécision, et de ce moment le triomphe de la cause monarchique fut assuré.

Dans cette crise si courte, mais si remplie, M. Odilon-Barrot joua un rôle assez important, ou plutôt deux rôles distincts, produits tous deux par une pensée qui est elle-même une et double en même temps ; expliquons bien vite cette logomachie en disant que nous entendons parler de ce système monarchico-républicain qui prit naissance à l'Hôtel-de-Ville, enfanta ce fameux programme que nul n'a vu ni entendu, et adopta pour formule le mot du général Lafayette : *une monarchie entourée d'institutions républicaines*. Ce système d'équilibre entre la monarchie et la république a subi depuis sa naissance diverses vicissitudes; jusqu'à l'époque du *compte-rendu*, il est encore l'expression et le symbole de la fraction la plus avancée de la chambre. A partir de ce moment, une division se manifeste entre ses adhérents; de tous les hommes distingués du système, M. Odilon-Barrot, seul, à part peut-être M. Mauguin, reste fidèle au système, non pas toutefois sans lui faire subir un assez bon nombre de modifications.

Nous avons dit tout-à-l'heure que la conduite de M. Odilon-Barrot durant les trois jours fut à la fois républicaine et monarchique comme son système. En effet, d'une part, il se présente à la chambre, le vendredi 30 juillet, pour protester au nom du général Lafayette et en son nom contre la précipitation avec laquelle on paraît vouloir disposer de la couronne en faveur du duc d'Orléans, et demande qu'on stipule, avant tout, en assemblée générale, les conditions du peuple; d'autre part, le même jour, au moment où Lafayette touchait peut-être au moment d'accéder à des offres de présidence républicaine que lui faisaient des députations de jeunes gens, « M. « Odilon-Barrot, dit M. Bérard dans ses *souve-* « *nirs* (1), obtint de lui de ne prendre une déter- « mination que le lendemain matin..., puis il « s'empara du général au moment de son réveil, « et, lui faisant entendre le langage d'une raison « sévère, il lui montra dans quel abîme son ac- « ceptation pouvait nous plonger; le général La- « fayette promit, non sans quelque regret peut- « être, de refuser. »

(1) *Souvenirs de la révolution de* 1830, page 130.

Après l'entrevue de l'Hôtel-de-Ville, M. Odilon-Barrot partit pour Rambouillet avec le maréchal Maison et M. de Schonen. Dans cette circonstance M. Odilon-Barrot a associé son nom à un des actes les plus solennels et sans contredit les plus beaux de la révolution de juillet. Naguère une nation courait après son roi qui la fuyait, le saisissait à la frontière, le ramenait de force en lui prodiguant l'insulte et l'outrage, escortait sa voiture en poussant des cris de mort, lui présentait par la portière des têtes coupées au bout d'une pique, et se donnait enfin l'affreux plaisir de faire tomber la sienne, cette tête auguste vainement protégée par une double couronne de majesté et de malheur. Quarante ans plus tard, cette même nation, attaquée par son roi et victorieuse, laissait l'ennemi vaincu se diriger lentement et paisiblement vers l'exil. Les populations accouraient étonnées au bord des chemins, pour voir passer cette royauté déchue, confiée, elle, ses drapeaux, ses armes, ses équipages, ses serviteurs , ses soldats dévoués, à la garde de trois hommes représentants et dépositaires de la générosité nationale ; ces trois hommes entourent d'égards une grande infortune ; à leur voix les ressentiments s'apaisent, la pitié succède à la haine, le respect fait place à la violence ; le convoi funèbre des descendants de saint Louis se poursuit au milieu d'un religieux silence, et la France, condamnée par l'histoire à Varennes, se réhabilite à Cherbourg.

Avant de se séparer à jamais de cette famille qui semble marquée au front du sceau de la fatalité, à bord du vaisseau qui allait l'emporter vers des plages lointaines, M. Odilon-Barrot sollicita et obtint de Charles X un écrit ainsi conçu : « Je me plais « à rendre à MM. les commissaires la justice qui « leur est due, ainsi qu'ils m'en ont témoigné le « désir. Je n'ai eu qu'à me louer de leurs atten- « tions et de leurs respects pour ma personne et « pour ma famille. Signé : CHARLES X. » On a dit que la démarche de M. Odilon-Barrot, dans cette circonstance, avait été blâmée par ses collègues ; outre que rien ne justifie une assertion pareille, nous devons ajouter qu'elle a été démentie par M. Odilon-Barrot lui-même. On a insinué qu'il avait demandé cette attestation dans le but de se ménager une amnistie personnelle au cas de retour des Bourbons ; l'assertion était une erreur, l'insinuation ressemble beaucoup à une calomnie, M. Odilon-Barrot l'a repoussée comme telle. Il nous est impossible de voir dans ce certificat d'un roi déchu autre chose que le complément honorable d'une noble mission dignement remplie.

A son retour, M. Odilon-Barrot fut appelé à remplacer M. de Laborde à la préfecture de la Seine. Il fut plus tard envoyé à la chambre par les électeurs de Strasbourg.

Pendant les six mois que durèrent ses fonctions de préfet, M. Odilon-Barrot eut à traverser la période la plus orageuse du gouvernement de Juillet ; sa position de premier magistrat municipal de la cité reçut des circonstances et peut-être un peu aussi de la valeur personnelle de l'homme une importance qu'elle n'aurait plus aujourd'hui. En temps ordinaire un préfet est un subordonné appelé à exécuter des ordres reçus, et étranger parconséquent à toute responsabilité directe : alors il n'en était pas ainsi ; M. Odilon-Barrot était plus qu'un fonctionnaire ; c'était un homme politique représentant un système, et prenant une part active aux déchirements intérieurs des deux premiers ministères de juillet ; c'est en raison même de cette importance accidentelle et anormale que la conduite administrative du préfet de la Seine a été en butte aux appréciations plus ou moins exagérées des partis.

Quand on l'examine sainement, sans passion et à distance, on est amené à reconnaître que le caractère d'indécision et de mollesse qui la distingue est à la fois la conséquence du caractère général de cette difficile époque, et le résultat nécessaire de cette pensée de fusion complète entre deux éléments hétérogènes dont M. Odilon-Barrot cherchait alors, cherche aujourd'hui et cherchera peut-être longtemps encore la réalisation.

Il faut le dire, la révolution de juillet ne fut pas seulement un changement de dynastie, ce fut un nouveau et terrible coup porté à l'élément monarchique tant de fois ébranlé depuis cinquante ans. Ceux qui pensent que, dans l'état actuel de sa civilisation et de ses mœurs, avec sa position topographique, ses besoins, ses ressources, ses relations internationales, la société française ne saurait se séparer de la monarchie sans danger de mort; ceux-là durent éprouver des craintes sérieuses à la vue de cette explosion d'anarchie morale qui suivit un instant la révolution de juillet, de cette bataille ardente d'idées qui succédait à la bataille des rues et menaçait de la ramener à sa suite. L'antagonisme était partout, sur la place publique, où se fabriquaient les motions, les députations, les adresses; au sein de la chambre héréditaire, répugnant à se prêter à sa propre décapitation; au sein de la chambre élective tiraillée en tous sens par des inspirations contraires, sans système général et fixe, sans but arrêté, sans majorité, sans couleur. L'anarchie s'était glissée au sein même du gouvernement; les deux premiers ministères de juillet, composés d'individualités éminentes, seront inscrits dans les fastes du gouvernement représentatif au nombre des plus mauvais, en ce sens qu'ils prétendirent vivre affranchis de cette loi impérieuse, absolue pour toute administration, l'unité, l'homogéneité. Dans ce temps-là, il y avait des ministres qui, en acceptant une mesure adoptée malgré eux à la majorité dans le sein du conseil, se réservaient le droit de la combattre hautement à la tribune en leur qualité de député, le tout sans cesser d'être ministres ; on trouvait cela fort beau d'indépendance ; aujourd'hui on jugerait cela fort ridicule.

M. Odilon-Barrot, homme du mouvement, se trouva dès l'abord en dissentiment personnel et tranché avec le chef du premier cabinet, M. Guizot, homme du temps d'arrêt ; l'administration, en vue de sauver les ministres de Charles X, appuyait une adresse de la Chambre demandant l'abolition de la peine de mort. Le préfet de la Seine publie une proclamation où il qualifie d'*inopportune* cette pensée d'une administration dont il est le délégué. Il y avait là évidemment conflit d'attributions, ou plutôt usurpation de pouvoir ;

M. Odilon-Barrot offre sa démission ; c'était logique. MM. Dupont de l'Eure et Lafayette déclarent qu'ils le suivront ; or, il fallait traverser la crise du procès ; les hommes du programme étaient les hommes de la situation. Le préfet l'emporte sur le ministre, M. Guizot se retire, le cabinet Laffitte est formé, et la lutte recommence bientôt plus vive encore entre le préfet de la Seine et le nouveau ministre de l'intérieur M. de Montalivet. Au milieu des orages populaires qui précédèrent et suivirent l'arrêt de la Chambre des Pairs, il faut reconnaître que tout le monde fit son devoir. Là encore cependant manquait une direction, une pensée commune ; chacun payait de sa personne, mais chacun suivait les inspirations isolées de son caractère et de sa conscience. On a accusé M. Odilon-Barrot d'avoir manqué de vigueur, d'avoir craint outre mesure d'écorner sa popularité, d'avoir trop *raisonné* avec la sédition. Quand on se reporte aux temps cette accusation perd un peu de sa valeur ; la vigueur telle qu'on l'entend aujourd'hui était assez impraticable alors; les ressorts du gouvernement avaient été brisés par l'abus: l'emploi de la force n'était pas sans péril, et la foule, encore pénétrée de cette exaltation fiévreuse qui suit les révolutions, ne laissait pas que d'être accessible, à cause de cette exaltation même, à des considérations de générosité, de justice, d'humanité et d'honneur, présentées avec calme et rehaussée du prestige d'une belle éloquence.

Bientôt la discussion de la loi sur la garde nationale et la décision de la Chambre, qui, tout en abolissant pour l'avenir une dignité militaire, dangereuse par son étendue et son importance, conservait pour le présent au général Lafayette sa position, noblement occupée, parurent une offense à ce dernier; et malgré les instances de M. Odilon Barrot, il donna sa démission. M. Dupont de l'Eure ne tarda pas à suivre son ami. Dès-lors, il n'y eut plus dans le conseil d'autre représentant de l'opinion de M. Odilon-Barrot que M. Laffitte; sa position de préfet n'était plus tenable, il persista à la garder. Ce fut un tort, qu'il a essayé de justifier par ce motif que le pouvoir étant un levier immense il ne faut pas l'abandonner à ses adversaires (1) : oui bien, quand on est assez fort pour s'en emparer et le tenir; mais dans cette circonstance, une résistance de détails plutôt que de principes, un conflit isolé et personnel ne pouvaient guère servir qu'à entraver mesquinement la marche du ministère, sans profit pour une opinion et au détriment du pays : ce fut bientôt, en effet, comme une guerre ouverte entre M. Odilon-Barrot et M. de Montalivet. Le préfet de la Seine, fort de son talent d'orateur, de son nom déjà glorieux et de son influence politique, n'était pas précisément un modèle de subordination administrative au vis-à-vis du *jeune ministre,* comme il l'appelait ; or, le jeune ministre avait bien aussi son mérite, mérite incontestable d'énergie et de résolution. L'émeute du 14 février et la discussion publique qui la suivit le

(1) Voir la lettre de M. Odilon-Barrot publiée dans l'ouvrage de M. Sarrans, intitulé : *Louis-Philippe et la contre-révolution de* 1830.

18 mirent au jour les démêlés acrimonieux des deux hommes. En réponse à des accusations de mollesse et d'inaction, formulées assez aigrement par M. Persil, qui s'était chargé de commencer l'attaque, M. Odilon-Barrot déclara qu'il n'avait pas reçu d'ordres, que les instructions aux maires qui devaient passer par ses mains avaient été adressées directement et à son insu. M. de Montalivet monta à son tour à la tribune, répondit que M. le préfet de la Seine n'attendait pas jadis des ordres pour se porter, de son autorité privée, au Luxembourg ou au Palais - Royal; que si les circulaires adressées aux maires n'avaient pas passé par l'Hôtel-de-Ville, c'était afin qu'elles arrivassent plus vite à leur destination; qu'en somme, la susceptibilité d'étiquette se concevait plutôt de *haut en bas* que de *bas en haut*. Cette péroraison un peu hautaine détermina enfin M. Odilon-Barrot à offrir sa démission; elle fut acceptée, et il reçut en échange la place de conseiller-d'état en service ordinaire.

Après la chute du ministère Laffitte, M. Odilon-Barrot se dessina nettement contre le système du 13 mars, se séparant toutefois déjà de la partie extrême de la gauche, notamment dans la discussion sur l'insurrection lyonnaise (le 26 novembre 1831). Il combattit l'hérédité de la pairie, proposa l'élection directe des pairs par les conseillers municipaux; prit la parole sur la plupart des questions que fit naître la révision du code pénal; fut chargé du rapport sur le rétablissement du divorce; protesta contre la dénomination de *sujet* qu'il déclara insultante et inconstitutionnelle. En général il vota contre toutes les mesures ministérielles.

Après la mort de Casimir Périer, l'opposition crut devoir formuler hautement son programme; elle publia le *compte-rendu*. M. Odilon-Barrot fut un des principaux rédacteurs et signataires de cette pièce dont il nous faut dire un mot. Le compte-rendu, délibéré et publié pendant l'absence des Chambres par une réunion de députés agissant en cette qualité, a été considéré par plusieurs comme une acte illégal et inconstitutionnel.

M. Odilon-Barrot le juge un acte d'opposition légale et raisonnable, mais en même temps il avoue que ce fut une faute de tactique(1). C'est en effet à dater de ce moment que le parti du programme de l'Hôtel-de-Ville se disloque. La portion modérée de la gauche, épouvantée de certaines hardiesses du compte-rendu, notamment d'une attaque directe et personnelle contre la royauté de juillet, refuse de le signer, et, après les 5 et 6 juin, découragée par l'émeute, elle se rejette brusquement dans les rangs ministériels et contribue à fournir au cabinet du 11 octobre cette majorité compacte que M. Odilon-Barrot a appelée lui-même *une phalange indestructible.*

D'autre part, il y a bientôt scission entre les signataires; les uns, les plus avancés abandonnent le programme, laissent de côté la monarchie républicaine comme une utopie et s'engagent hardiment dans la voie du radicalisme. M. Odilon-Barrot résiste à ce mouvement, se

(1) Voir la lettre déjà citée.

sépare d'abord insensiblement de ses anciens amis politiques; les occasions de rupture complète ne tardent pas à arriver, elles sont abordées par lui avec franchise; il se forme autour de sa personne un nouveau noyau d'adeptes qui s'appelle la gauche modérée, la gauche dynastique. Ce petit corps d'armée a escarmouché successivement contre les ministères du 13 mars, du 11 octobre, du 22 février, du 15 avril; aujourd'hui il tolère, mais cerne et surveille le cabinet du 12 mai; son programme, formulé dernièrement par la voie de M. Odilon-Barrot, paraît se réduire à ceci : la révocation des lois de septembre, le jugement de tous les attentats renvoyé au jury, et enfin la réforme électorale admise, mais seulement en principe, pour un avenir indéterminé, limitée à un abaissement graduel du cens et à l'adjonction d'un certain ordre de capacités. Si c'est là le programme de l'Hôtel-de-Ville, il est certain qu'il a perdu de son ampleur première; qu'il n'a plus les vastes proportions dont s'effrayaient les timides, et qu'il tend visiblement vers la miniature.

C'est ici le cas de terminer par un mot d'observation sur l'ensemble de la carrière politique de M. Odilon-Barrot.

Au milieu des phases diverses de sa vie publique, l'honorable député nous a toujours paru pénétré de la conviction profonde de son *invariabilité absolue.* M. Odilon-Barrot proclame sans cesse, et il le répétait encore il n'y a pas un mois, que sa pensée politique n'a pas changé d'un *iota* depuis 1830. Tout ce qu'il disait, tout ce qu'il demandait le lendemain même de la révolution de juillet, il prétend le dire et le demander encore aujourd'hui. Avec la meilleure volonté du monde il nous est impossible de partager cette conviction de M. Odilon-Barrot. Et en ceci Dieu nous garde de toute pensée de blâme ! tant s'en faut ; il nous semble que M. Odilon-Barrot a changé, passablement changé même, qu'il changera encore, et qu'il a cela de commun avec tout le monde. Lorsque dans la maturité de la vie une pensée se transforme tout-à-coup de haut en bas, cela est étrange, et la chose s'explique diversement ;

ceux-ci y voient une révélation soudaine du génie; ceux-là un motif d'intérêt personnel, d'ambition ou de rancune; quelques-uns une aberration d'esprit. Mais qu'une pensée politique ou autre s'étende ou se resserre, se modifie en un mot sous l'influence irrésistible des faits, rien de plus logique, rien de plus naturel.

Quand M. Odilon-Barrot s'écriait l'autre jour à la tribune : Rendez-nous l'enthousiasme de 1830! il exprimait, sans y penser peut-être, combien lui-même avait perdu de cette animation première, de cette hardiesse téméraire, de cette fougue aventureuse de désirs et d'espérances que fit éclore soudain une éruption aussi violente qu'imprévue. Comment se fait-il d'ailleurs qu'il y ait déjà tout une révolution entre M. Odilon-Barrot et presque tous ses anciens amis politiques composant aujourd'hui l'extrême gauche, et que par contre-coup les plus violents adversaires de l'ex-préfet de la Seine, du signataire du *compte-rendu*, ne soient plus séparés de lui que de l'épaisseur d'une nuance? Est-ce à dire que tout le monde ayant changé, M. Odilon-Barrot seul est resté immuable, inébranlable sur le terrain du *programme?* Non à coup sûr, car si vous en croyez M. Laffitte ou M. Dupont de l'Eure, ils vous diront que (la pensée monarchique mise à part) ils entendent encore aujourd'hui LES CONSÉQUENCES DE JUILLET tout comme ils les entendaient en 1830; or évidemment, ne serait-ce que sur la question électorale seule, les conséquences actuelles de M. Laffitte ne ressemblent guère aux conséquences actuelles de M. Odilon-Barrot. La conséquence de tout ceci, c'est que les uns et les autres ont marché : ceux-ci à droite, ceux-là à gauche; et, comme en dix ans il s'est fait un assez bon bout de chemin, il n'est pas étonnant qu'on se retrouve séparé par une distance raisonnable.

Ce point d'équilibre parfait après lequel tout le monde court en politique comme en morale, comme en littérature, comme en toute chose; ce point précis, ce milieu mathématique, que chacun prétend avoir découvert, le sera le même jour que la pierre philosophale. La loi éternelle, la loi de progrès, la loi de l'humanité veut qu'un but que l'on croit atteint se transforme toujours en un nouveau but à atteindre. Concevoir, désirer, chercher l'impossible, est le plus beau privilége de l'homme; c'est en vertu de ce privilége que M. Odilon-Barrot poursuit la solution de son problème de pondération complète entre les deux éléments républicain et monarchique qui se partagent le monde. Après avoir commencé par se préoccuper trop exclusivement du premier, il s'est aperçu qu'il affaiblissait le second outre mesure, il a fait alors un pas vers lui; ce pas n'est point le dernier; plus M. Odilon-Barrot se rapprochera du pouvoir, plus il se pénétrera des nécessités et des difficultés inhérentes à l'exercice du pouvoir; et si un de ces jours M. Odilon-Barrot arrive au ministère, vous verrez qu'il ressemblera à tous les ministres passés, présents et futurs, en ce sens du moins qu'après avoir promis plus qu'il ne pourra tenir, il ne tiendra pas tout ce qu'il aura promis.

Avocat et orateur, M. Odilon-Barrot brille par un genre d'éloquence austère qui sied bien à sa belle et calme figure, et reflète, pour ainsi dire, la haute moralité de sa vie. C'est surtout à M. Odilon-Barrot que l'on pourrait appliquer, en le modifiant, l'axiome de Buffon : l'éloquence est l'homme même. A cette parole majestueuse et grave, empreinte d'un cachet de conviction, de probité et de puissance, mais un peu vague parfois, un peu compassée, un peu froide, on reconnaît un esprit plus apte à la méditation qu'à l'inspiration, à la théorie qu'à l'application; plus propre à l'embrassement de l'ensemble qu'à la perspicacité de détail ; plus logicien que chaleureux; mais vaste, élevé, profond, riche d'idées et digne en tous points de l'influence qu'il exerce au barreau, à la chambre et dans le pays.

M. VICTOR HUGO,

... Beaux-A

www.ingramcontent.com/pod-product-compliance
Lightning Source LLC
LaVergne TN
LVHW012019160826
845678LV00002B/927